AF314235

3 DEC. 1912
N° 280

Collection LOUIS VALENTIN

(QUATRIÈME PARTIE)

PN

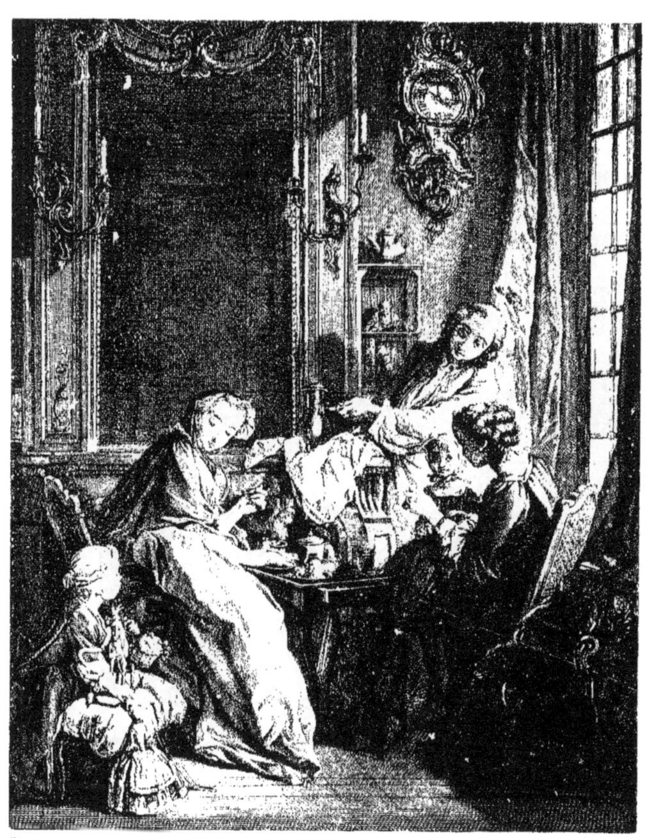

N° 11 du Catalogue.

ESTAMPES

DU

XVIIIᵉ SIÈCLE

F. LAIR-DUBREUIL   M. LOYS DELTEIL

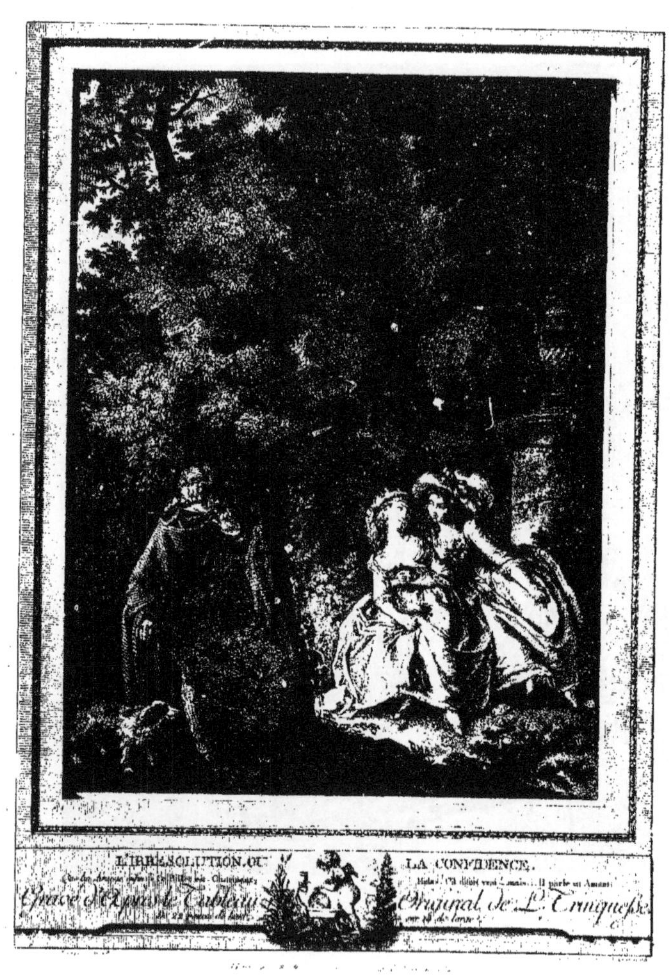

N° 344 du Catalogue.

CATALOGUE

DES

ESTAMPES

DU

XVIIIe SIÈCLE

formant

la 4e Partie de la Collection Louis VALENTIN

Dont la vente aura lieu

à Paris, HOTEL DROUOT, Salle N° 7

Les Lundi 23 et Mardi 24 Décembre 1912

à 2 heures précises

Par le Ministère de M° F. LAIR-DUBREUIL

COMMISSAIRE-PRISEUR

6, Rue Favart, 6

Assisté de M. LOYS DELTEIL, Graveur et Expert

2, Rue des Beaux-Arts

CONDITIONS DE LA VENTE

Elle sera faite au comptant.

Les adjudicataires paieront *dix pour cent* en sus des enchères.

M. Loys Delteil remplira les commissions que voudront bien lui confier les amateurs ne pouvant y assister.

MM. les Amateurs pourront visiter la collection, 2, *rue des Beaux-Arts*, du Lundi 16 au Samedi 21 Décembre 1912, de 2 heures à 5 heures.

Exposition Publique, Hôtel Drouot, Salle N° 7, *le Dimanche 22 Décembre 1912, de 2 heures à 6 heures.*

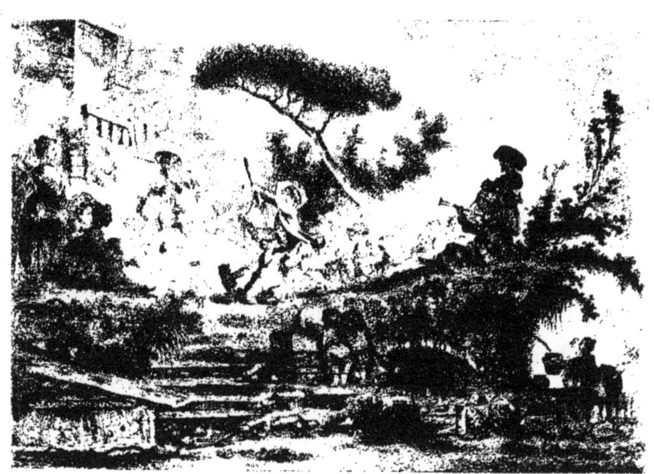

N° 136 du Catalogue.

DÉSIGNATION

ALIX (P. M.)

—1. Charlotte Corday. Très belle épreuve, *imp. en couleurs.*

ANSELL (d'après C.)

2. Rozina, par P. W. Tomkins, 1789. Très belle épreuve, *avant la lettre, tirée en bistre.*

AUBERT (d'après)

3. Le Dessein, par Duflos. Très belle épreuve.

4. Le Peintre, par Basan. Belle épreuve.

AUBRY (d'après Et.)

5. La Bonté maternelle, par Blot. Belle épreuve.

BALÉCHOU (J. J.)

6. Jullienne (J. de), d'apr. de Troy. Belle épreuve.

7. Loizerolle (Mlle), d'apr. Aved. Très belle épreuve.

BALKO (d'après)

8. L'Agréable lecture. Belle épreuve.

BARTOLOZZI (F.)

9. *Cupid at Play — Children at Play*. Deux pl. d'apr. Cipriani, se faisant pendants. Très belles épreuves, *tirées en sanguine*.

10. Maria, d'apr. Benwell. Très belle épreuve, *tirée en sanguine*.

11. *The Power of Beauty — The Power of Love*. Deux pl. d'apr. Cipriani, se faisant pendants. Belles épreuves, *tirées en bistre*.

12. Baigneuses, d'apr. Cipriani. Très belle épreuve, *tirée en bistre*.

13. *Winter*, d'apr. F. Wheatley. Belle épreuve, *coloriée*.

BARTOLOZZI (F.) ?

14. Vénus et l'Amour. Deux pl. de forme ronde, se faisant pendants. Très belles épreuves, *avant toute lettre*.

BAUDOUIN (d'après P. A.)

15. Le Léger vêtement, par Chevillet (28). Très belle épreuve.

16. Marton, par Ponce (31). Epreuve *avant la lettre* (remmargée).

17. Le Poete Anacreon, par N. De Launay (38). Trois
belles épreuves des 1ᵉʳ, 2ᵉ et 3ᵉ états.

BEAUVARLET (J. F.)

18. La Confidence, d'apr. C. Vanloo. Belle épreuve,
avant toute lettre (très légère cassure).

BENARD (d'après)

19. Repos de chasse, par Moitte. Très belle épreuve.

BENWELL (d'après)

20. *The Children in the Wood*, par Byrne, Sharp et
Medland. Très belle épreuve.

PERTAUX (d'après D.)

21. Marché en plein vent. Belle épreuve, *avant la
lettre.*

BERTIN (d'après N.)

22. La Gayeté de Silène, par N. De Launay. Deux
très belles épreuves (l'une à l'*état d'eau-forte*,
la seconde *avant* la dédicace).

BEURLIER (Charles)

23. La Nièce du Curé de mon Village — La Servante
du Curé de mon Village. Deux pl. d'apr. Desrais
et Cofiber, se faisant pendants. Belles épreuves.

BOILLY (d'après L.)

24. Ça Ira, par Mathias. Belle épreuve, *avant toute
lettre* (angles épidermés).

25. Défends-moi — La Leçon d'union conjugale.
Deux pl. par Petit, se faisant pendants. Très
belles épreuves.

26. La Jardinière — L'Attention — La Précaution —
La Solitude. Suite de 4 pl. par Tresca. Belles
épreuves, *coloriées*.

27. La Jarretière — (L'Attente?). Deux pl. par Tresca. Epreuves *coloriées* (la 2ᵉ *avant toute lettre*).

BOILLY (d'après L.)?

28. La Réflection (sic). Belle épreuve. Rare.

29. Le Marchand de poissons et la Marchande d'oranges. Très belle épreuve, *non terminée*, d'une pl. fort rare.

BONNET (L. M.)

30. La Peinture aimée des Grâces, d'apr. Lagrenée. Superbe épreuve, *tirée en 3 tons. (n. 259)*

31. Buste de Femme (nᵒ 94), d'apr. Le Clerc. Belle épreuve, *tirée en sanguine*.

BOREL (d'après A.)

32. J'y passerai, par R. De Launay. Deux belles épreuves (une à *l'état d'eau-forte*).

BOUCHER (François)

33. Boucher (F.), par Salv. Carmona, d'après Roslin.

34. Andromède (42). Deux épreuves (une à l'état *d'eau-forte pure*, très-rare). (Sans marges, petites déchirures).

34 *bis*. La petite Reposée (13). Très belle épreuve.

35. Les Amusemens de l'Hiver, par Daullé. Belle épreuve.

36. La belle Dormeuse, par W. Ryland. Très belle épreuve.

37. Le Berger récompensé, par R. Gaillard. Belle épreuve.

38. La Bonne aventure, par Aveline. Belle épreuve.

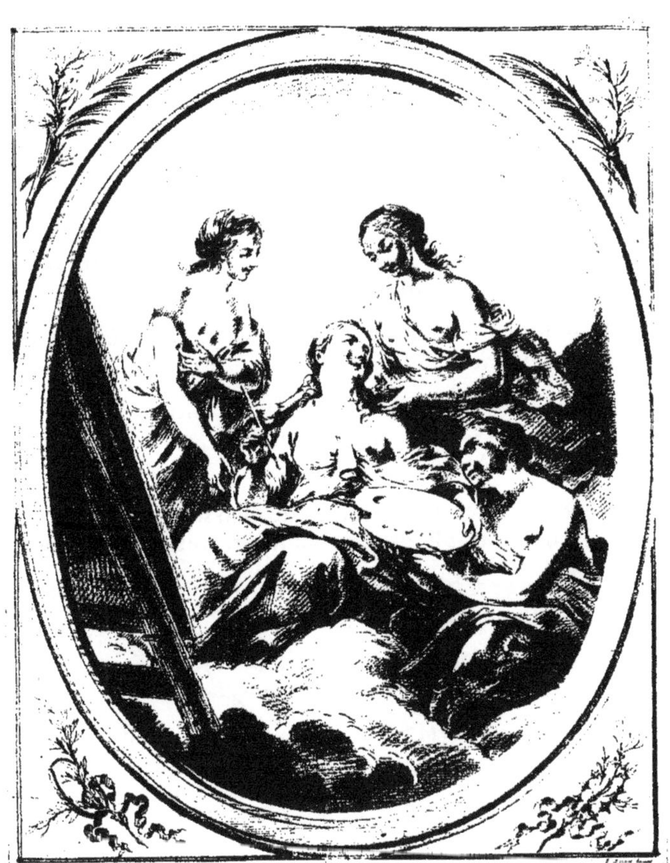

Nº 20 du Catalogue.

39. Le Chateau de Cartes — La Crèmière — La Quê-
teuse de grand chemin — L'Ecole domestique.
Cinq pl. (y compris un double à *l'état d'eau-
forte*), par Ingram et Liotard.

40. La Courtisane amoureuse, par N. de Larmessin.
Très belle épreuve.

41. Le Déjeuné, par Lepicié. Très belle épreuve.

42. Le Départ du Courrier — Le Retour du Courrier.
Deux pl. se faisant pendants. Belles épreuves,
avant la lettre (la partie inférieure de la tablette
refaite à la seconde pièce).

43. Elle mord à la grappe, par Pasquier. Très belle
épreuve, à *l'état d'eau-forte*.

44. Elle mord à la grappe — De trois choses en ferez-
vous une ? Deux pl. par Pasquier, se faisant pendants. Très belles épreuves.

45. Fête de Bacchus — Retour de chasse — Pescheurs.
Trois pl. publiées par Huquier. Belles épreuves.

46. Hommage Champêtre, par Cl. Duflos. Très belle
épreuve.

47. L'Hymen et l'Amour, par Beauvarlet. Très belle
épreuve.

48. La Jardinière (Mme Favart), par La Live de Jully.
Très belle épreuve. Rare.

49. Le Magnifique, par N. de Larmessin. Très belle
épreuve.

50. Le Moineau apprivoisé, par R. Gaillard. Belle
épreuve.

51. Les Nymphes au bain, par J. Ouvrier. Très belle
épreuve

52. L'Oiseau chéri, par Daullé. Très belle épreuve.

53. Le Pêcheur — Le Pont rustique. Deux pl. par Chedel, se faisant pendants. Très belles épreuves.

54. La Peinture — La Sculpture. Deux pl. par Madeleine Igonet, se faisant pendants. Belles épreuves.

55. La Poésie lyrique — La Poésie satyrique — La Poésie épique — La Poésie pastorale. Suite de 4 pl. par Duflos. Très belles épreuves.

56. Les Sabots, par Gaillard. Belle épreuve.

57. Le Trébuchet, par Aveline. Belle épreuve.

58. *Votre accord n'a rien qui m'étonne*, par P. Aveline. Très belle épreuve.

BOUCHER et CARESME (d'après)

59. La Colombe Chérie — L'Oiseau Privé. Deux pl. par Flipart, se faisant pendants. Belles épreuves.

BOULARD (à Paris, chez)

60. Le Bonjour — Le Bonsoir. Deux pl., se faisant pendants. Belles épreuves.

BRION FILS

61. Cou-cou. Très belle épreuve, *à l'état d'eau-forte*.

CAMPANA (d'après)

62. Allégorie relative à la Naissance du Dauphin. Très belle épreuve.

CARESME (d'après)

63. Le Satyre impatient, par Anselin. Très belle épreuve, *avant la dédicace* (grattage dans l'inscription).

CARESME et BOUCHER (d'après)

64. La Colombe Chérie — L'Oiseau Privé. Deux pl. par F. Flipart, se faisant pendants. Belles épreuves.

CASTELLAS (d'après Mlle)

200
Paul Bihn

65. Le Petit Favori, par Voyez le jeune. Belle épreuve.

CHAMPAGNE (d'après)

145
Rahir

66. La Bonne Mère — L'Enfant gâté — La Ménagère — La Mère trop rigide — La Souricière. Cinq pl. par Charpentier, formant série. Très belles épreuves.

CHARDIN (d'après J. B. S.)

28
de Ricci

– 67. Chardin. Deux portraits, par Rousseau et Cars, d'ap. Cochin fils. Très belles épreuves.

235
Mme Salvator Meyer

68. L'Antiquaire — Le Peintre (2 et 42). Deux pièces par Surugue fils, se faisant pendants. Superbes épreuves. *contre mai*

1020

69. Le Benedicite, par Lépicié (5). Belle épreuve. *sans marge*

430
Gosselin

70. Les Bouteilles de savon — Les Osselets (8 et 39 *bis*). Deux pl. par Fillœul, se faisant pendants. Très belles épreuves.

705

71. Le Château de cartes — Dame prenant son thé (12 et 20). Deux pl., par Fillœul, se faisant pendants. Belles épreuves.

170
de Ricci

– 71 *bis*. L'Ecureuse, par Cochin (16). Très belle épreuve, *d'un état non décrit*, avec le titre : LA RÉCUREUSE. Rare.

400

72. Etude du Dessin, par Le Bas (18). Belle épreuve.

135
Kra

73. Le Garçon cabaretier, par Cochin (22). Très belle épreuve. *contre mai*

380
Gradt

74. L'Inclination de l'âge, par Surugue fils (25). Très belle épreuve.

320
Gradt

75. Jeune Dessinateur, par J. Faber (28). Très belle épreuve. Rare. *manière noire*

325
Rahir

76. L'Œconome, par Le Bas (39). Belle épreuve.

77. La Pourvoïeuse, par Lépicié (45). Belle épreuve avec le tréma.

78. Le Chat au fromage, par Dupin (2 de l'app.). Belle épreuve.

CHARPENTIER (d'après)

79. Les Petits Voleurs, par Mme Le Fort. Deux très belles épreuves (*une à l'état d'eau forte*).

CHEVILLET (J.)

80. La Jeune Angloise touchant le piano-forte. Belle épreuve.

CHOFFARD (P.P)

81. Frontispice pour le catalogue du *Cabinet de Mr Poullain*. Deux très belles épreuves (une *avant la lettre*).

82. Cabinet de Fr. Basan. Très belle épreuve.

CIPRIANI (d'après G.B.)

83. Amusement — Diversion. Deux pl., par Bettelini, se faisant pendants. Belles épreuves. *imp. en couleurs*.

84. Le Bain — La Danse. Deux pl., par J. B. Lucien, se faisant pendants. Belles épreuves, *tirées en sanguine*.

85. *Love Cares'd — Love Rejected*. Deux pl., par Bartolozzi, se faisant pendants. Très belles épreuves, *tirées en sanguine*.

86. Scènes mythologiques. Suite de 4 pl., par Copia. Très belles épreuves, *avant toute lettre, tirées en bistre*.

COCHIN Fils (d'après C.N.)

87. Hommage aux Arts (*Marie-Antoinette*), par Prevost. Belle épreuve.

88. Les Heures du Jour, par Fillœul. Suite de 4 pl. Belles épreuves.

89. Le Camouflet — Le Château de cartes. Deux pl., par N. Dupuis. se faisant pendants. Belles épreuves.

COLSON (d'après)

90. L'Action — Le Repos. Deux pl., par N. Dupuis, se faisant pendants. Belles épreuves.

COSWAY (d'après)

91. *Infancy*, par Bartolonii. Belle épreuve, *coloriée*.

COTES (d'après F.)

92. Miss Cunliffe, par J. Watson (135). Belle épreuve.

COYPEL (d'après Ch.)

93. Mouchy (M™ de), sous le nom de M™ de Pompadour, par Purcell. Très belle épreuve.

94. Jupiter et Léda, par Ryland. Deux belles épreuves, *avant toute lettre*, une à *l'état d'eau-forte*.

95. L'Amour de ville — L'Amour de village. Deux pl., par Lépicié, se faisant pendants. Très belles épreuves.

96. Le Négligé galant, par Carmona. Belle épreuve.

97. Sujets d'Enfants, par F. Joullain. Deux pl., se faisant pendants. Très belles épreuves.

98. Les Saisons, par Ravenet. Suite de 4 pl. Belles épreuves.

DAVESNE (d'après)

99. L'Amant regretté, par Voyez le jeune. Belle épreuve, *avant toute lettre*.

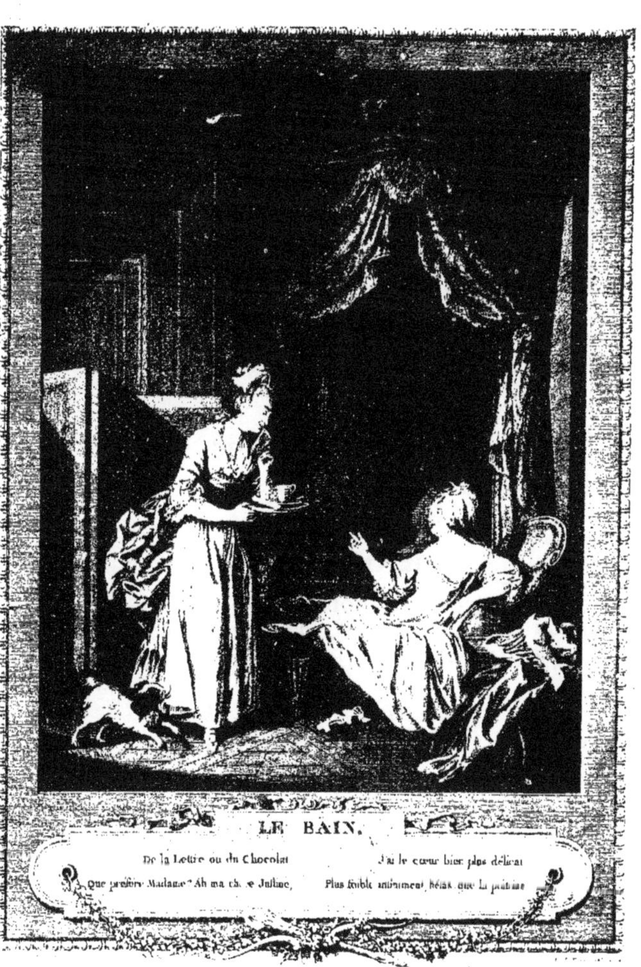

N° 140 du Catalogue.

100. La Coquette Sophie, par Voyez le jeune. Deux belles épreuves, une *avant la lettre* et *avant* quelques travaux.

DEBUCOURT (P. L.)

101. *Vive le Roy*, par A. Legrand. Série des 3 états (M.F. 25, 44 et 64). Belles épreuves.

DE GOUY (A. M.)

102. Sujet galant. Très belle épreuve.

DE LAUNAY (N.)

103. La Gayeté de Silène, d'après Bertin. Deux belles épreuves *(une avant la dédicace)*.

DEMARTEAU (G.)

104. Paysage, d'après Houel. Belle épreuve, *tirée en* sanguine.

DENNEL (A. F.)

105. Comparaison du bouton de rose — La Vertu irrésolue. Deux pl. d'apr. G. de St-Aubin et Mme Vigée-Lebrun. Belles épreuves.

DESRAIS (d'après C. L.)

106. A bon chat bon rat — La Suivante commode. Deux pl. se faisant pendants. Très belles épreuves.

107. Le Bal Masqué — Le Serment à la Mode. Deux pl. par Berthet, se faisant pendants. Très belles épreuves.

108. Le Bouquet dangereux — Le Maître Galand. Deux pl. par Berthet, se faisant pendants. Très belles épreuves.

109. Le Départ de la Chasse — Le Retour de la Chasse. Deux pl. se faisant pendants.

110. Sujet gracieux. Très belle épreuve, *avant toute lettre*.

DREVET (P. L.)

111. Le Couvreur (Adrienne), d'apr. Ch. Coypel (D. 24). Très belle épreuve.

DROUAIS (d'après F. H.)

112. Mlle Pelissier, par Daullé. Belle épreuve.

113. L'Enfant au Polichinelle — La petite Espiègle. Deux pl. par Hemery, se faisant pendants. Belles épreuves.

DUGOURC (d'après J. D.)

114. Roxelane, par Le Beau. Deux très belles épreuves (une *avant toute lettre*).

DUMENIL (d'après)

115. Le Déjeuné de l'Enfant, par Claire Tournay. Très belle épreuve.

ECOLE ANGLAISE

116. Sujet gracieux 1788. Belle épreuve, *coloriée* (les noms des artistes grattés).

117. Portrait de Femme. Très belle épreuve (remmargée).

EISEN (d'après F.)

118. Amusement de la Jeunesse, par N. Dupuis. Superbe épreuve.

119. L'Attente du moment, par Halbou. Belle épreuve.

120. L'Ingratitude, par L. Halbou. Belle épreuve.

EISEN (d'après Ch.)

121. L'Amour européen — L'Amour asiatique. Deux pl. par F. Basan, se faisant pendants. Très belles épreuves.

122. Le Matin — L'Après Midy — Le Printems — L'Hyver — Les Plaisirs Champêtres. Cinq pl. par J. De Longueil. Belles épreuves.

123. Promettre est un et tenir c'est un autre, par L. Legrand. Belle épreuve.

124. Le Tric-trac, par J. P. Le Bas. Très belle épreuve.

FRAGONARD (d'après H.)

125. L'Amour en sentinelle, par Miger. Belle épreuve.

126. L'Ane rétif, par St-Non. Belle épreuve *tirée en bistre*.

127. L'Armoire — Le Verrou. Deux pl. par Le Campion, se faisant pendants. Très belles épreuves *imp. en couleurs*, avec rehauts.

128. Les Beignets, par N. De Launay. Très belle épreuve, *avant* la dédicace (la marge du bas refaite).

129. Le Baiser Dangereux, par Flipart. Très belle épreuve.

130. La Bonne Mère. De forme ovale. Très belle épreuve, *imp. en couleurs*. Rare.

131. La Cachette découverte, par R. De Launay. Très belle épreuve.

132. La Famille du Fermier, par Beauvarlet. Très belle épreuve.

133. Fontaine d'Amour, par Audebert. Très belle épreuve, *imp. en couleurs*.

134. La Fuite à dessein, par Macret et Couché. Belle épreuve.

135. Ma Chemise Brule !, par A. Legrand. Très belle épreuve, *imp. en couleurs*.

136. Le petit montreur d'Ours, par St-Non. Très belle épreuve.

137. Le Pot au lait — Le Verre d'eau. Deux pl., se
faisant pendants, par Ponce.

138. *Spirat adhuc Amor*, par le C^ de Paroy. Belle
épreuve, *tirée en bistre*.

FREUDEBERG (d'après S.)

139. Le Lever, par Romanet. Très belle épreuve, *avant
le n°*.

140. Le Bain, par Romanet. Très belle épreuve, *avant
le n°*.

141. Le Coucher, par Duclos et Bosse. Très belle
épreuve, *avant le n°*.

142. L'Evénement au Bal, par Duclos et Ingouf. Très
belle épreuve, *avant le n°*.

143. Les Confidences, par Lingée. Très belle épreuve,
avant le n°

144. La même estampe. Très belle épreuve.

145. Le Boudoir, par Maleuvre. Très belle épreuve,
avant le n°

146. La même estampe en même état.

147. La Promenade du Matin, par Lingée. Très belle
épreuve, *avant le n°*.

148. La Visite inattendue, par Voyez l'aînée. Très
belle épreuve, à la tablette *blanche* (filet de
marge).

149. La même estampe. Très belle épreuve, *avant le n°*.

150. L'Occupation. Belle épreuve, *avant le n°* (petites
restaurations).

151. La Toilette, par Voyez l'aîné. Très belle épreuve,
avant le n°.

152. La Promenade du Soir, par Ingouf le jeune. Très
belle épreuve, *avant le n°*.

153. La Soirée d'Hyver, par Ingouf le jeune. Très belle et très rare épreuve, *avant toute lettre, non terminée*.

154. La même estampe. Très belle épreuve, *avant le n°*.

155. Les Mœurs du Tems, par Ingouf l'aîné. Très belle épreuve, *avec* l'encadrement.

156. L'Heureuse union, par Bosse. Superbe épreuve *avec* l'entourage, toutes marges.

157. La même estampe. Belle épreuve de la pl. réduite.

158. La Complaisance maternelle, par N. De Launay. Belle épreuve.

159. La Confiance enfantine, par Janinet. Belle épreuve.

160. La Crainte enfantine, par Janinet. Belle épreuve, *imp. en couleurs*.

161. La Gaieté conjugale, par N. De Launay. Belle épreuve, *avant* la dédicace (remmargée dans le bas).

162. Lison dormait, par Trière. Belle épreuve.

163. Le Musicien du Hameau, par Trière. Très belle épreuve.

GAILLARD (R.)

164. Louise-Ulrique, reine de Suède, d'apr. Latinville. Belle épreuve.

GARNERAY (d'après)

165. La Jarretière, par Michault et Le Grand. Superbe épreuve, *avant la lettre*.

GRASSI (d'après)

166. Kinski (C^{sе}) ? Très belle épreuve, *avant toute lettre, tirée en bistre*.

167. *The Miniature Picture*, par Nutter. Belle épreuve
du second tirage, *imp. en bistre.*

GRAVELOT (d'apr. H.)

168. Le Lecteur, par Gaillard. Deux belles épreuves
(une à *l'état d'eau-forte*).

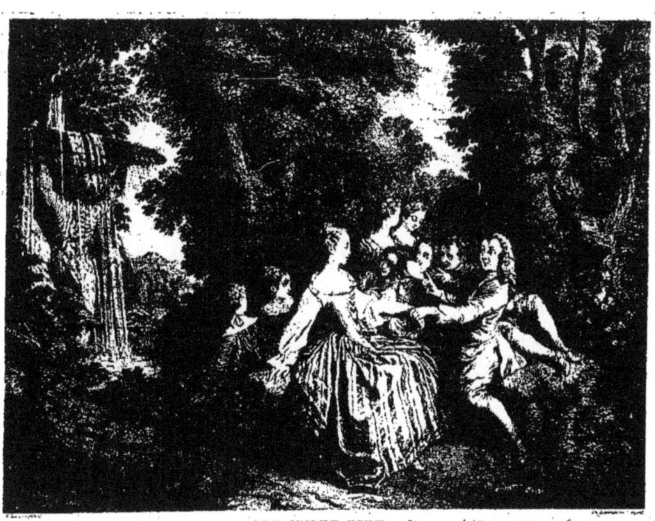

N° 207 du Catalogue.

GREUZE (d'après J. B.)

169. Le Baiser envoyé, par A. de S¹-Aubin (464). Deux
belles épreuves (une du 1ᵉʳ état à *l'eau-forte
pure*).

170. La bonne Éducation — La Paix du Ménage. Deux
pl. par Moreau et Ingouf, se faisant pendants.
Très belles épreuves.

171. La Compassion, par J. Massard. Deux belles
épreuves (une *avant la lettre*).

172. L'Enfant au chien, par Schultze. Très belle épreuve.

173. Les Enfants surpris, par Elluin. Très belle épreuve.

174. La Fleuriste — La Frileuse — La Jeune Nourice —
La petite Mère. Suite de 4 pl. par Moitte. Belles
épreuves.

175. Le Geste napolitain, par Moitte. Deux épreuves
(une *avant la lettre*).

176. Jeune Fille pleurant son oiseau mort, par Flipart.
Très belle épreuve.

177. Le même sujet, par un anonyme. Très belle
épreuve, *imp. en couleurs*.

178. La Maman, par Beauvarlet. Très belle épreuve.

179. La Pelotonneuse, par Flipart. Belle épreuve.

180. La petite Fille au Capucin — L'Enfant au chien.
Deux pl. par P. C. Ingouf, se faisant pendants.
Très belles épreuves.

181. Retour de Nourice, par Hubert. Belle épreuve.

182. Le Silence, par Cars et Jardinier. Belle épreuve.

183. Le Tendre désir, par Carmona. Belle épreuve
(doublée).

GRIMOU (d'après)

184. La Jeune studieuse — La Jeune laborieuse. Deux
pl. par Le Villain, se faisant pendants (la seconde
en 2 états, soit 3 pl.) Très belles épreuves.

HARDING (d'après)

185 *The First Lesson of Love — The Second Lesson of
Love.* Deux pl. par P. W. Tomkins, 1783. se
faisant pendants. Très belles épreuves, *tirées en
sanguine*.

186. La Mère intéressante. Bonne épreuve, *tirée en 2 tons*.

HENRIQUEZ (B. L.)

187. La Lettre, d'apr. Terburg. Deux épreuves (une avant la lettre).

HUET (d'après J. B.)

188. La Feinte résistance, par Patas. Rare épreuve à *l'état d'eau-forte*.

IMBERT (d'après F.)

189. La Curieuse, par Letellier. Belle épreuve, *avant la lettre*.

JAZET (J. P. M.)

190. Bivouac des Cosaques, aux Champs-Élysées, le 31 mars 1814, d'apr. Sauerweid. Très belle épreuve (cassures en marges).

JEAURAT (d'après E.)

191. La Coquette — La Dévote — La Sçavente — L'Econome. Suite de 4 pl. par M. Aubert. Très belles épreuves.

192. L'Eplucheuse de salade, par Beauvarlet. Très belle épreuve.

193. La Place des Halles — La Place Maubert. Deux pl. par Aliamet, se faisant pendants. Très belles épreuves.

JEAURAT et DANDRÉ-BARDON

194. Les Ages. Suite de 4 pl. par Baléchou et Lépicié. Belles épreuves.

KAUFFMAN (d'après A.)

195. *The Hon^le Elizabeth Vernon Countess of Harcourt*, par C. Ruotte. Très belle épreuve, *tirée en sanguine* (remmargée).

196. *Lady Rushout & Daughter*, par T. Burke. Belle épreuve, *tirée en bistre*.

197. Diana, par Bartolozzi. Très belle épreuve, *tirée en sanguine*.

198. *The Fair Alsacien*, par Bartolozzi, 1779. Très belle épreuve, *tirée en sanguine*.

199. Jeune Femme aux colombes, par Th. Burke. Très belle épreuve, *tirée en sanguine*.

KIMLI (d'après)

200. L'Espoir du retour, par P. A. Tardieu. Belle épreuve.

LANCRET (d'après N.)

201. L'Amusement du Petit-Maître, par de Favannes (9). Très belle épreuve.

202. Le Berger indécis, par J. Tardieu (16). Très belle épreuve.

203. Conversation galante, par Le Bas (20). Belle et rare épreuve *avant* le nom du graveur.

204. *Dans cette aimable solitude*, par C. N. Cochin (24). Épreuve d'un 1ᵉʳ état *non décrit*, à *l'eau-forte pure* (petite tache).

205. La même estampe. Deux épreuves des 3ᵉ et 4ᵉ états (grattage dans la légende à une pl.).

206. Grandval, par J. Ph. Le Bas (38). Belle épreuve.

207. Le Jeu de Pied de bœuf, par N. de Larmessin (43). Très belle épreuve (petite tache).

208. Le Jeu des quatre coins, par N. de Larmessin (44). Très belle épreuve, avec la 1ʳᵉ adresse.

209. La Joye du Théâtre, par Crepy fils (46). Très belle épreuve, *avec* la 1ʳᵉ adresse.

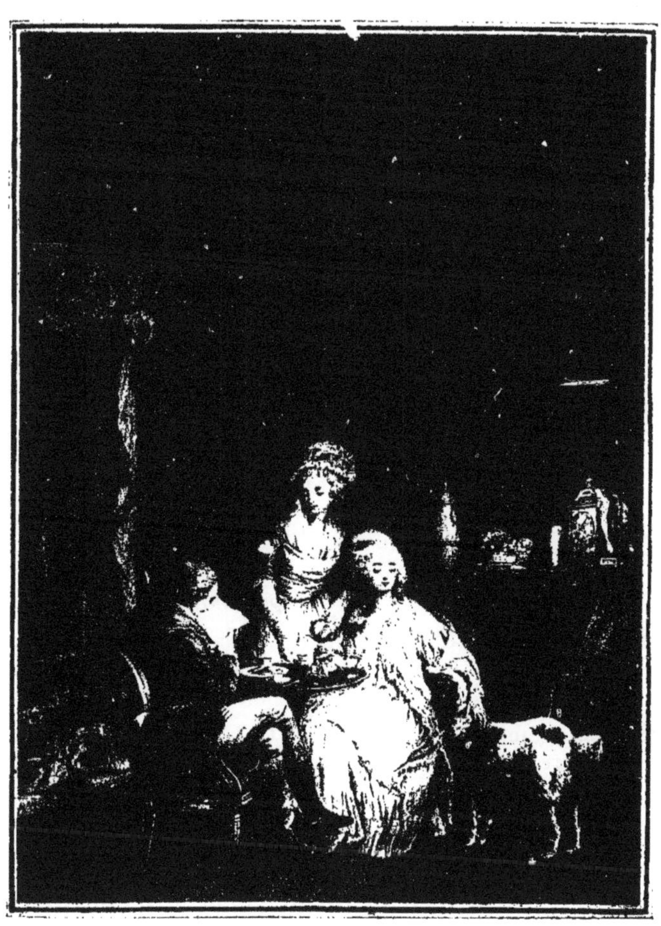

Nᵒ 218 du Catalogue.

210. Lise s'en va changer..... (47) — Près de vous, belle
Iris... (62) — Quand vous voulez.... (65) — Quoy
n'avoir pour vous trois... (67). Suite de 4 pl. par
M. Horthemels. Très belles épreuves.

211. La Musique champêtre, par E. Fessard (52). Très
belle épreuve du 1ᵉʳ état.

212. Nicaise, par N. de Larmessin. Très belle épreuve.

213. Paté d'Anguille, par N. de Larmessin (59). Très
belle épreuve.

214. La Servante justifiée, par Larmessin (73). Très
belle épreuve.

LA TOUR (d'après M. Q. de)

215. La Tour, d'apr. lui-même, par Schmidt. Très belle
épreuve.

LAURIN (d'après)

216. L'Anneau de Hans Carvel, par Aveline. Très belle
épreuve.

LAVREINCE (d'après N.)

217. La Balançoire mystérieuse — Les Nymphes scru-
puleuses. Deux pl. par Vidal, se faisant pendants
(9 et 42). Belles épreuves.

218. Le Déjeuner anglais, par G. Vidal (17). Belle
épreuve.

219. *Mʳˢ Merteuil and Miss Cecil Volange*, par R. Girard (39). Belle épreuve, *imp. en couleurs* avec
rehauts (petites épidermures restaurées).

220. Nina, par Colinet (41). Belle épreuve, *avant toute
lettre, imp. en couleurs*, légers rehauts.

221. La même estampe. Très belle épreuve, *tirée en
2 tons*.

222. Qu'en dit l'Abbé, par N. De Launay (51). Belle
épreuve (restaurations en marge).

223. Le Repentir tardif, par R. Le Villain (52). Belle épreuve.

224. Les Soins mérités, par R. De Launay (60). Très belle épreuve.

225. Le Déjeuné, par Soiron. Belle épreuve (petite tache). Rare.

LE BARBIER AINÉ (d'après)

226. Départ du Milicien — Retour du Milicien. Deux pl. par Duflos, se faisant pendants. Belles épreuves, *avant toute lettre*, la légende tracée au crayon.

227. Le Mari dupe et content, par Patas. Superbe épreuve, *avant la lettre*.

LE BAS (J. Ph.)

228. L'Amant aimé — Le Tems mal employé. Deux pl. se faisant pendants. Belles épreuves.

229. Les Belles Vendangeuses — Les Gentilles Villageoises. Deux pl., se faisant pendants. Belles épreuves.

230. Colin-Maillard. Belle épreuve.

LE BRUN (d'après L.)

231. La Déclaration d'amour, par Patas. Bonne épreuve.

232. L'Ecole de l'Amour — Le Maître de Musique. Deux pl. par Chatelain et Coquerel, se faisant pendants. Belles épreuves.

233. Les Plaisirs du Jour. Suite de 4 pl. par Dambrun. Très belles épreuves.

LEGENDRE (d'après)

234. Eugènie (Mlle d'Hannetaire jouant de la harpe), par Chevillet. Belle épreuve, *avant toute lettre*.

LE MESLE (d'après)

235. La Clochette, par Fillœul. Très belle épreuve.

LE MOYNE (d'après Fr.)

236. Iris au bain, par L. Cars. Très belle épreuve.

LE PEINTRE (d'après)

237. Le Duc de Chartres et sa Famille, par S' Aubin et Helman. Belle épreuve.

LE PRINCE (J. B.)

238. La Récréation Champêtre. Très belle épreuve.

239. La Précaution inutile, par Helman. Très belle épreuve, *avant la dédicace.*

LESPINASSE (d'après le Ch' de)

240. Vues intérieures de Paris. Suite de 4 pl., par Berthault. Belles épreuves.

LE SUEUR (d'après Louis)

241. Le Rendé-vous à la fontaine, par Louvion. Très belle épreuve.

LEVILLY (J. P.)

242. *La Rivalle* (sic) *Desabusée* — L'Heureux présage. Deux pl. Belles épreuves.

LORGE (d'après de)

243. Allégorie relative au Mariage du Dauphin (Louis XVI) avec Marie-Antoine, par V. Sullin. Très belle épreuve.

LOUTHERBOURG (J. Ph.)

244. La Bonne Petite Sœur — Tranquilité Champêtre. Deux pl. se faisant pendants. Très belles épreuves.

245. L'Agneau chéri, par Le Veau. Deux très belles
épreuves (une à l'*état d'eau-forte*).

246. Repos de chasse de Madame la Comtesse de ***,
par Demonchy. Belle épreuve.

247. Sujets gracieux, série de 5 pl. par D. Lerpiniere,
1780. Très belles épreuves.

LUNAUD (d'après)

248. Sujets gracieux, 3 pl. du CAHIER DE QUATRE PASTO-
RALES, par Baquoy, une en 2ᵉ état (2 à l'*état
d'eau-forte*). Belles épreuves.

MACRET (C. F.)

249. Les Prémices de l'Amour-propre, d'apr. Gonza-
les. Belle épreuve, *avant la lettre.*

250. La même estampe. Très belle épreuve.

MALLET (d'après J. B.)

251. Les Jeux de l'Amour — Les Promesses de l'Amour.
Deux pl., par Beljambe, se faisant pendants.
Belles épreuves, *avant toute lettre* (la seconde
avec les noms des artistes à la pointe), *coloriées*.

252. *Julie ou le premier baiser de l'Amour — Saint
Preux ou les Allarmes de l'Amour.* Deux pl., par
Copia, se faisant pendants. Belles épreuves,
*avant la lettre, coloriée*s.

253. Les mêmes estampes retouchées et agrandies.
Très belles épreuves, *imp. en couleurs* et *re-
haussées*.

MARTINI (P. A.)

254. Coup d'œil exact de l'arrangement des Peintures
au Salon du Louvre, en 1785. Très belle
épreuve.

255. Exposition au Salon du Louvre en 1787. Belle
épreuve.

METTAY (d'après)

250. Le Satyre amoureux, par C. Le Vasseur. Très belle épreuve.

MOREAU LE JEUNE (J. M.)

257. Titre typographique de la *Seconde suite d'estampes pour servir à l'histoire des Modes...*, 1777.

258. Déclaration de la Grossesse, par Martini. Superbe. épreuve, *avec* les lettres A. P. D. R., toutes marges.

259. Déclaration de la Grossesse. Très belle épreuve.

260. Les Précautions, par Martini. Superbe épreuve, *avec* les lettres A. P. D. R., toutes marges.

261. J'en accepte l'heureux présage, par Trière. Très belle épreuve, *avant la lettre*.

261 *bis*. La même estampe. Superbe épreuve, *avec* les lettres A. P. D. R., toutes marges

262. N'ayez pas peur, ma bonne Amie, par Helman. Superbe épreuve, *avec* les lettres A. P. D. R., toutes marges.

263. C'est un Fils, Monsieur!, par Baquoy. Très belle épreuve, *avec* les lettres A. P. D. R. (mouillures en marge).

264. Les Petits Parrains, par Baquoy et Patas. Superbe épreuve, *avec* les lettres A. P. D. R., toutes marges.

265. Les Délices de la Maternité, par Helman. Superbe épreuve, *avec* les lettres A. P. D. R.

266. L'Accord parfait, par Helman. Très belle épreuve, *avec* les lettres A. P. D. R., toutes marges, (mouillures dans la marge du haut).

267. Le Rendez-vous pour Marly, par C. Guttenberg. Superbe épreuve, *avec* lettres A. P. D. R., toutes marges.

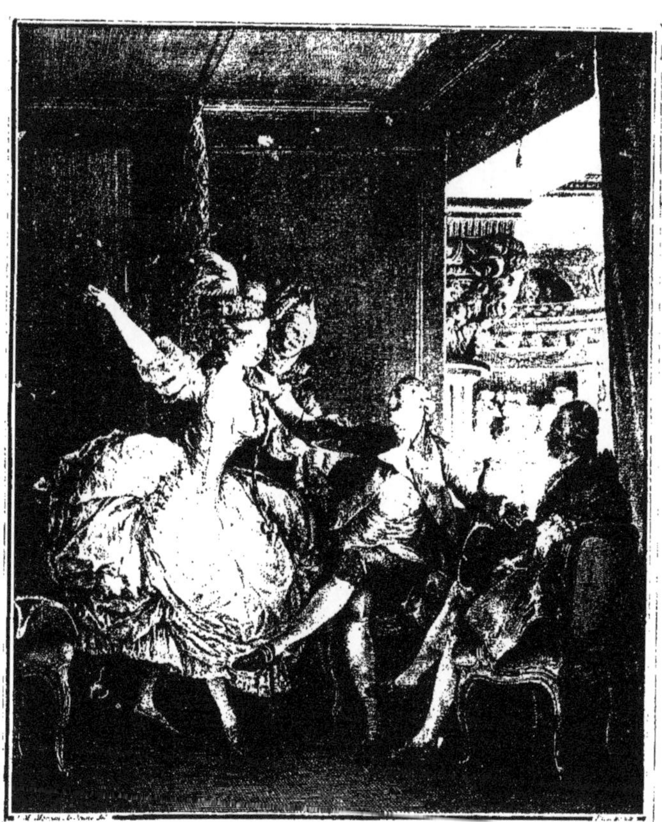

N° 279 du Catalogue.

268. Les Adieux, par R. De Launay. Superbe épreuve, *avec* les lettres A. P. D. R., toutes marges.

269. La Rencontre au Bois de Boulogne, par H. Guttenberg. Sup. épreuve, *avec* les lettres A.P.D.R.

270. La Dame du Palais de la Reine, par Martini. Superbe épreuve, *avec* les lettres A. P. D. R., toutes marges.

271. Le Lever, par Halbou. Superbe épreuve, *avec* les lettres A. P. D. R., toutes marges.

272. La petite Toilette, par Martini. Très belle épreuve, *avec* les lettres A. P. D. R., toutes marges.

273. La grande Toilette. par Romanet. Superbe épreuve, *avec* les lettres A. P. D. R., toutes marges.

274. La Course des Chevaux, par H. Guttenberg. Superbe épreuve, *avec* les lettres A. P. D. R., toutes marges.

275. Le Pari gagné, par Camligue. Superbe épreuve, *avec* les lettres A. P. D. R., toutes marges.

276. La Partie de Wisch, par Dambrun. Superbe épreuve, *avec* les lettres A. P. D. R,, toutes marges.

277. Oui ou Non, par N. Thomas. Superbe épreuve, *avec* les lettres A. P. D. R., toutes marges.

278. Le Seigneur chez son fermier, par Delignon. Superbe épreuve, *avec* les lettres A. P. D. R., toutes marges.

279. La Petite Loge, par Patas. Superbe épreuve *avec* les lettres A. P. D. R., toutes marges.

280. La Sortie de l'Opéra, par Malbeste. Superbe épreuve, *avec* les lettres A. P. D. R., toutes marges.

281. Le Souper fin, par Helman. Superbe épreuve, *avec* les lettres A. P. D. R., toutes marges.

282. Le vrai Bonheur, par Simonet. Superbe épreuve, *avec* les lettre A. P. D. R., toutes marges.

283. Réductions de planches du *Monument du Costume*. Douze pl. Belles épreuves (*deux avant toute lettre* et deux sans marges).

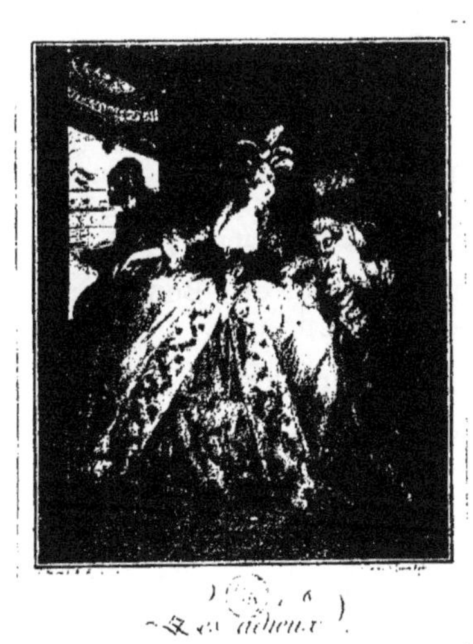

N° 268 du Catalogue.

284. Exemple d'Humanité donné par Madame la Dauphine, le 16 8bre 1773, par Godefroy. Très belle épreuve.

285. Les Vœux accomplis (la Cse d'Artois), par Simonet. Très belle épreuve, *avant la lettre*.

286. La même estampe. Très belle épreuve.

— 287. Au Roi — A la Reine. Deux pl., par N. Le Mire, se faisant pendants. Très belles épreuves.

MOREAU LE JEUNE et TILLIARD

288. Place de Louis XV, 1770. Très belle épreuve.

MOUCHET (d'après F.)

289. La Méprise, par Macret et Anselin. Bonne épreuve.

NATTIER (d'après J.M.)

290. La Force — La Justice — La Prudence. Trois pl. par Baléchou et Vidal, formant série. Belles épreuves.

NÉE (D.)

291. Chambre du cœur de Voltaire, d'après Duché. Très belle épreuve, *avant la lettre*.

NIXON (d'après John)

292. Miss Jenny et Miss Nelly Bennet, par G. Marchi, 1773. Très belle épreuve.

NORTHCOTE (d'après J.)

293. *Country Girl of Tuscany*, par Gaugain, 1785. Très belle épreuve.

OCTAVIEN (d'après F.)

294. *Ce dangereux Abbé...*, par M. Thevenard. Belle épreuve.

PATAS

295. Mlle Colombe l'ainée. Belle épreuve.

PATER (d'après J.B.)

296. L'Aimable entrevue, par J. Tardieu. Très belle épreuve.

297. Les Aveux indiscrets, par Fillœul. Belle épreuve.

298. Le Baiser donné — Le Baiser rendu. Deux pl., par Fillœul, se faisant pendants. Très belles épreuves.

299. Le Cocu battu et content — Le Glouton. Deux pl., par Fillœul. Très belles épreuves.

300. La Courtisane amoureuse, par Fillœul. Très belle épreuve.

301. La Feste Italienne, par Duflos. Très belle éperuve.

302. Marche comique, par Ravenet. Belle épreuve.

303. L'Officier galant — Vivandières de Brest. Deux pl., par Le Bas, se faisant pendants. Très belles épreuves.

304. L'Orchestre de village, par Ravenet. Très belle épreuve.

305. Le Roman Comique. Onze pl., par Surugue, Lépi-cié, etc. (sur 16). Belles et rares épreuves, *avant toute lettre.*

306. Le Roman Comique. Onze pl. (sur 16). Belles épreuves.

PETERS (d'après)

307. Miss Harriet Powel, par J. R. Smith, 1776. Superbe épreuve.

308. *The Country Girl*, par Dickinson. Belle épreuve.

309. Les Enfants grondés, par Chevillet. Belle épreuve, *avant la lettre.*

310. La Jeune Dévideuse, par Chevillet. Deux très belles épreuves (une *avant la lettre* et *avant de* nombreux travaux).

PICART (Bernard)

311. Le Jeu de cartes — Le Jeu de pied-de-bœuf. Deux pl., se faisant pendants. Très belles épreuves.

PICHLER (J.P.)

312. Les Vases de Fleurs, d'apr. J. Van Huysum. Deux pl., se faisant pendants. Très belles épreuves.

PORPORATI (C.)

313. Mme Porporati — Mlle Porporati. Deux pl., se faisant pendants. Très belles épreuves.

PRUDHON (d'après P. P.)

314. La Vengeance de Cérès, par Copia (37). Très belle épreuve de 1ᵉʳ état.

315. L'Amour réduit à la raison, par Copia (58). Belle épreuve, *avant la lettre*.

316. L'Innocence préfère l'amour à la richesse — L'Amour séduit l'Innocence. Deux pl., par Roger, se faisant pendants. Belles épreuves, *avant la lettre*.

QUEVERDO (d'après F.M.)

317. Les Amours du bocage — Les Baigneuses champêtres. Deux pl., par Dambrun, se faisant pendants. Belles épreuves.

318. Le Couché de la Mariée — Le Levé de la Mariée. Deux pl., par Patas et Dambrun, se faisant pendants. Belles épreuves.

319. Le Dangereux modèle, par Patas (petites épidermures).

RAOUX (d'après J.)

320. La Lecture, par Beauvarlet. Belle épreuve, *avant toute lettre*.

READ (d'après C.)

321. Miss Jones, par J. Watson (49). Très belle épreuve du 1ᵉʳ état (pli).

REGNAULT (N.F.)

322. *Ah, s'il s'éveillait — Dors, dors....* Deux pl., se faisant pendants. Belles épreuves, (une doublée).

REYNOLDS (d'après Sir Joshua)

323. Kauffman (Angelica), par Bartolozzi. Superbe épreuve, *tirée en sanguine*.

324. *A Snake in the grass*, par Smith. Belle épreuve (épidermure).

SAINT-AUBIN (Aug. de)

325. Au moins soyez discret — Comptez sur mes ser-
mens. Deux pl., se faisant pendants (406-407).
Belles épreuves.

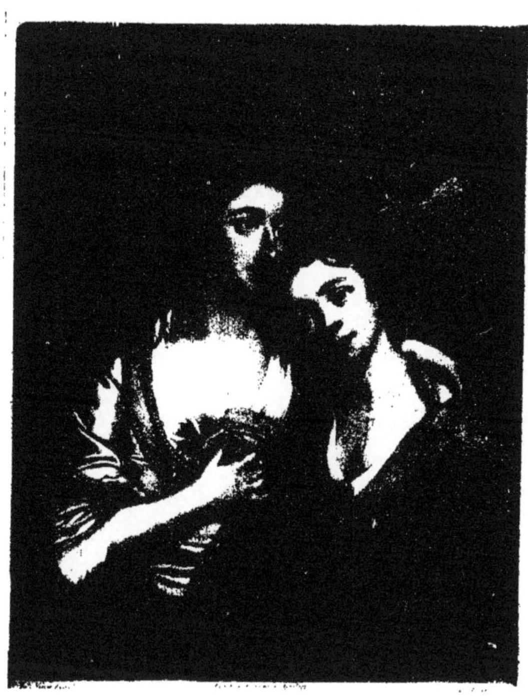

N° 292 du Catalogue.

SAINT-NON (Abbé de)

326. La petite Charrière en couches. Deux très belles
épreuves (une à *l'état d'eau forte pure*, très rare).

SANTERRE (d'après J.B.)

327. Sujets de Femmes, 5 pl., par Chateau, formant
série. Très belles épreuves.

SCHALL (d'après F.)

328. Le Bat, par Legrand. Très belle épreuve, *avant toute lettre*.

329. Les Cerises, par Chaponnier. Très belle épreuve, *avant toute lettre*.

330. Le Premier Baiser de l'Amour, par Legrand. Belle épreuve.

331. Le Retour de Vendange, par Beisson. Très belle épreuve.

SCHENAU (d'après J. E.)

332. L'Aimable Blanchisseuse, par Littret et Gaillard. Très belle épreuve.

333. La Belle Fileuse — L'Ouvrière en dentelle — L'Écureuil content — L'Heureux Serin. Quatre pièces, par R. Gaillard, formant série. Très belles épreuves.

334. La Leçon de la nature? Très belle épreuve, *avant toute lettre*.

SCHMIDT (G. F.)

335. B^{nne} de Grapendorf, d'après N. Lesueur. Très belle épreuve.

SERGENT (A. F.)

336. Mgr le Duc de Chartres et M^r le Duc de Fitz Jame, signant le procès verbal de l'arrivée de MM. Charles et Nesle. Très belle épreuve.

SINTZENICH

337. Princesse Frederique Wilhelmine de Prusse, d'apr. Schroder. Très belle épreuve.

SMITH (J. R.)

338. *Thoughts on Matrimony*, par Ward. Très belle épreuve.

SOLDINI (d'après **L. D.**)

339. Le Berger avec son oiseau — La Bergère avec sa
flûte. Deux pl., par Duflos, se faisant pendants.
Belles épreuves.

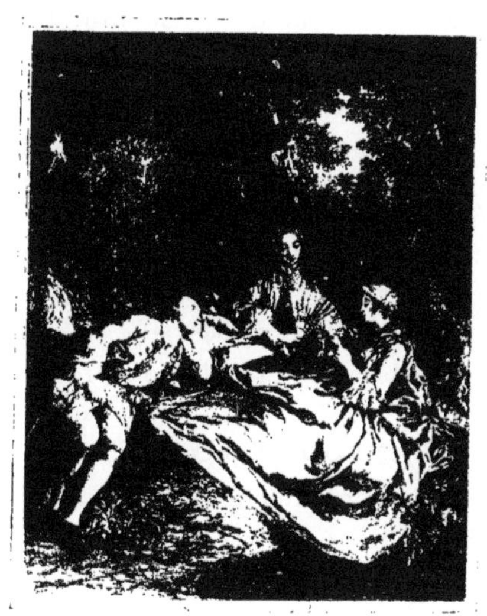

N° 345 du Catalogue.

TARAVAL (d'après)

340. La Jeune Ouvrière accablée de sommeil, par
Schultze. Très belle épreuve.

TOUZÉ (d'après)

341. La Marchande d'Œufs, par Hemery. Très belle
épreuve, d'états différents.

342. La Présidente Tourvel, par R. Girard. Très belle
épreuve, *imp. en couleurs*, avec rehauts.

343. Le même sujet gravé par Ruotte. Rare épreuve,
non terminée.

TRINQUESSE (d'après)

344. L'Irrésolution ou la Confidence, par Pierron. Belle épreuve.

TROY (d'après J. de)

345. L'Amant sans gêne, par C. N. Cochin. Très belle épreuve (sans marges sur 3 côtés).

VALLIN (d'après)

346. Le Désir — La Jouissance. Deux pl., par Bouquet, se faisant pendants. Très belles épreuves, *imp. en couleurs*.

347. Les mêmes estampes, une en double, *avant la lettre*.

VANGORP (d'après)

348. Le Nid, par Honoré. Très belle épreuve, *avant la lettre*.

VANLOO (d'après C.)

349. Ste Geneviève, par Baléchou. Très belle épreuve, *avant la lettre*.

350. Mme de Sabran, par J. Chereau. Très belle épreuve.

351. Les Baigneuses, par L. Lempereur — Eau-forte pure, avant la lettre — avec la lettre. Trois belles épreuves.

VIDAL (G.)

352. Mlle Beaumesnil, d'apr. A. Pujos. Belle épreuve (petites épidermures).

VINCENT (d'après)

353. La Soirée du Palais-Royal, par G. Caquet. Belle épreuve.

VINKELES (Reinier)

354. Orange (Guillaume, Pce d') — Orange (Guillelmine, Pse d'). Deux pl. d'apr. Haag, se faisant pendants (Ch. Le Bl. 17 et 19). Très belles épreuves, *avant la lettre*. Rares.

355. Grand Bal donné à Amsterdam, le 2 juin 1768. Très belle épreuve, *avant la lettre*.

WATTEAU (Antoine)

356. Antoine Watteau, par Boucher. Belle épreuve.

357. A. de la Roque, par Lépicié (17). Très belle épreuve.

358. Retour de Chasse, par B. Audran (18). Belle épreuve.

359. *Mademoiselle****, par J. M. Liotard. Très belle épreuve.

360. Fêtes au dieu Pan, par M. Aubert (40). Très belle épreuve.

361. Les Saisons (46-49). Suite de 4 pl., par Desplaces, Fessard, J. Audran et Mme Du Bos. Très belles épreuves.

362. Les Fatigues de la Guerre (54) — Les Délassements de la Guerre (55). Deux pl. par Scotin et Crepy, se faisant pendants. Très belles épreuves.

363. L'Indifférent, par Scotin (84). Belle épreuve.

364. L'Enjoleur, par Aveline. Belle épreuve.

365. L'Occupation selon l'âge, par Dupuis (92). Belle épreuve (tache).

366. Le Conteur, par C. N. Cochin (120). Superbe épreuve d'un *état non décrit, avec* la faute : Le Compteur (sic). Très rare.

367. Les Entretiens badins, par B. Audran (132). Belle épreuve.

368. Le Teste à teste, par B. Audran (168). Très belle épreuve.

369. Bon Voyage, par Crepy (169). Très belle épreuve.

370. Pour nous prouver que cette belle....., par Surugue (177). Belle épreuve.

371. *Voulez-vous triompher des Belles?*, par Thomassin (179). Très belle épreuve.

372. Le Colin-Maillard, par Brion (187). Très belle épreuve.

373. La Favorite de Flore, par Moyreau (302). Très belle épreuve.

374. Dessus de clavecin, par Caylus. Très belle épreuve.

WILLE FILS (d'après P. A.)

375. Amusement du Jeune Age, par Chevillet. Très belle épreuve.

376. Le Bouton de rose, par Voyez l'aîné. Très belle épreuve, *avant toute lettre* (deux angles restaurés).

377. L'Ecrivain Public, par Guttenberg. Belle épreuve.

378. Le petit Marchand d'orange, par Chevillet. Deux épreuves (une *avant toute lettre*).

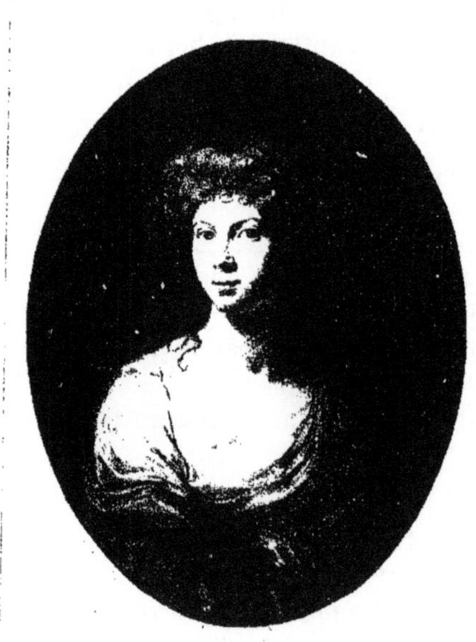

N° 337 du Catalogue.

…èque j'ai acheté   Curtis 17 ?. N. D. des Ch.

85	245	60
140	254-5	70
170	287	65
200	291	16
lis 30	299	65
370	301	60
90	332	25
151	334	65
105	335	35
90	340	50
171	341	31
55	348	81
61	350	23
160	351	400
35	355	25
28		
170		
100		
175		
90		
200	Pan HR	
135	119	70
80		
180		
100		
55		
50		
100		
155		
170		
25		
35		
100		
70		